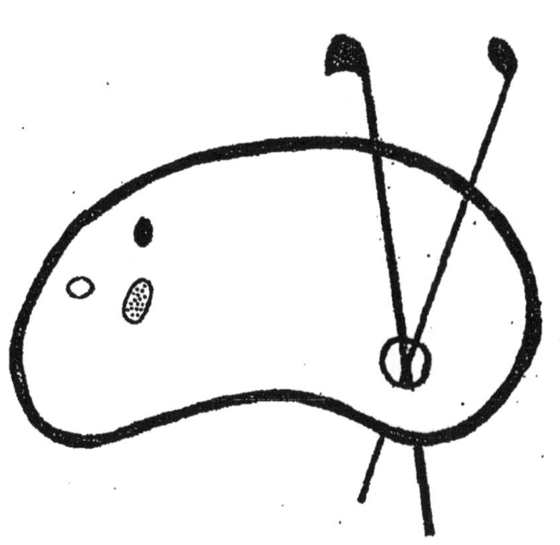

DEBUT D'UNE SERIE DE DOCUMENTS
EN COULEUR

INSTITUT DE FRANCE

CHARLES RENOUARD

NOTICE HISTORIQUE

Lue en séance publique le 7 décembre 1901

PAR

M. GEORGES PICOT

SECRÉTAIRE PERPÉTUEL
DE L'ACADÉMIE DES SCIENCES MORALES
ET POLITIQUES

PARIS

LIBRAIRIE HACHETTE ET Cⁱᵉ

79, BOULEVARD SAINT-GERMAIN, 79

—

1902

NOTICES HISTORIQUES

Lues à l'Académie des sciences morales et politiques

PAR LE MÊME AUTEUR

Jules Simon, 1896.

Le Duc d'Aumale, 1897.

Barthélemy Saint-Hilaire, 1898.

Hippolyte Passy, 1899.

Léon Say, 1900.

Charles Renouard, 1901.

Coulommiers. — Imp. PAUL BRODARD. — 1258-1901.

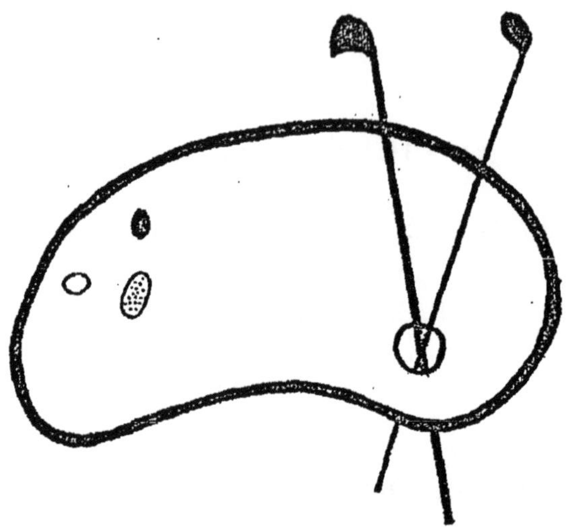

FIN D'UNE SERIE DE DOCUMENTS
EN COULEUR

CHARLES RENOUARD

NOTICE HISTORIQUE

Lue en séance publique le 7 décembre 1901

COULOMMIERS

Imprimerie Paul BRODARD

CHARLES RENOUARD

NOTICE HISTORIQUE

Lue en séance publique le 7 décembre 1901

PAR

M. GEORGES PICOT

SECRÉTAIRE PERPÉTUEL
DE L'ACADÉMIE DES SCIENCES MORALES
ET POLITIQUES

PARIS

LIBRAIRIE HACHETTE ET Cie

79, BOULEVARD SAINT-GERMAIN, 79

1902

CHARLES RENOUARD

NOTICE HISTORIQUE

Lue en séance publique le 7 décembre 1901.

Messieurs,

Après les conceptions philosophiques, l'œuvre la plus noble de l'intelligence humaine est de juger les hommes et de donner des lois aux sociétés. Dans le cours du siècle qui vient de s'achever, la France a eu la rare fortune d'avoir, à deux reprises, de grands jurisconsultes qui ont été de sages législateurs.

La Révolution, qui avait fait table rase de nos lois, avait à élever l'édifice d'une législation ; ce fut l'œuvre d'une pléiade d'hom-

1

mes venus du barreau, de l'administration, de la magistrature, qui, après avoir été secoués et mûris par la tourmente, se réunirent en paix au conseil d'État; ils sortaient de ces crises chargés d'expérience. La France leur a dû un corps de lois en avance sur toutes les nations voisines. Nos codes ont servi de modèle au monde civilisé.

Vers le premier tiers du siècle, parut une seconde génération de législateurs. Des juges ayant acquis l'autorité et conquis le respect, des avocats de premier ordre se sont rencontrés dans nos assemblées avec des écrivains, des penseurs, de profonds publicistes. En écartant les plus expérimentés de nos délibérations législatives, la théorie de l'incompatibilité n'avait pas encore préparé le règne de l'incompétence : les magistrats qui honoraient les cours de justice et qui éprouvaient chaque jour la valeur de nos lois étaient appelés, comme députés, à en combler les lacunes.

La plupart de ceux qui, trente ans après

les rédacteurs des codes, ont eu l'honneur de participer à ces travaux, sont entrés dans votre compagnie. Leur œuvre marque une date ; ils ont abordé avec résolution les plus grandes tâches ; ils ont cru qu'il y allait de l'honneur de la France de ne pas laisser vieillir nos codes. L'heure est peut-être venue d'évoquer leur mémoire et d'y puiser une leçon. Parmi eux, il y a eu des caractères qui ont honoré leur temps.

Nul assurément ne mérite moins l'oubli qu'un jeune avocat de la Restauration, mêlé à ses luttes, ayant conçu avec ses amis et ses contemporains toutes les espérances de réformes, ayant eu la joie de contribuer à les réaliser en publiant des livres, en rédigeant des projets, en les défendant par ses discours et par ses votes, entré très jeune à la cour de cassation dont il était destiné à devenir une des lumières, et qu'il devait, à la fin de sa vie, honorer comme procureur général.

Charles Renouard naquit à Paris, le 22 octobre 1794. Son père avait épousé la fille

d'un vieux soldat de Rosbach, le marquis
de Beauchamps, député de Saint-Jean-d'An-
gely aux États généraux. Augustin Renouard
avait un caractère et des idées très per-
sonnels. Il s'était montré dès le premier jour
partisan résolu de la Révolution, mais il
était demeuré fidèle à la liberté. Par un
contraste peu commun en ce temps, il joi-
gnait aux ardeurs du patriote le sentiment
religieux. Devenu libraire peu d'années
avant la naissance de son fils, il devait
porter à la hauteur d'une science et d'un art
le commerce des livres; il en avait le goût et
le respect. En novembre 1793, au moment
où les livres précieux et spécialement les
reliures armoriées avaient été menacés de
destruction, il se mit en avant avec un rare
courage, écrivit au comité d'instruction
publique, dénonça les projets, réclama des
mesures, et, comme elles tardaient, il osa
s'adresser directement à tous les bibliothé-
caires pour les mettre en garde contre les
manœuvres des fripons et des voleurs.

publics. En même temps qu'il défendait le domaine national, il sauvait pour son propre compte une quantité de livres qui, sans lui, auraient été destinés à périr, commençant ainsi cette collection que la reconnaissance des hommes de lettres et des bibliophiles a rendue célèbre.

Charles suivit de bonne heure les classes du lycée impérial : il y remporta de grands succès.

Au concours général, il fut nommé et couronné à côté de Victor Cousin qu'il rejoignit en 1812 à l'école normale. Il y retrouvait Patin, Guigniaut, Augustin Thierry, qui appartenaient à la célèbre promotion de 1811; parmi ses camarades était Dubois, qui devait fonder le *Globe*. Les professeurs étaient dignes des élèves; c'étaient Burnouf et Villemain pour la littérature; Cousin, d'abord chargé des lettres, ne tardait pas à prendre la chaire de philosophie, qu'il allait occuper en maître.

L'ardeur de l'école était extrême; audi-

teurs et conférenciers rivalisaient de zèle;
Charles Renouard se distingua parmi les
plus brillants.

Docteur ès lettres en 1814, il était admis
à rester à l'école une troisième année et
chargé, à titre de répétiteur, d'un cours de
philosophie, qu'il commença à la rentrée.
Ses leçons sur la logique, toutes écrites
d'avance, ont été retrouvées dans ses papiers,
et conservées précieusement.

On y découvre ce qui était dès lors la règle
de sa vie : une véritable passion d'ordre et
de méthode. « Que faisons-nous quand nous
voulons travailler? écrit-il. Nous commen-
çons par voir, comme à la fois, une multitude de pensées sur notre sujet; elles
nous pressent; notre travail doit consister
à les examiner, à les discerner, jusqu'à ce
qu'il s'en présente une qui ordonne toutes
les autres. Avoir trouvé la division de son
travail, c'est presque l'avoir terminé. »
D'après lui, suivant un heureux mot, toute
étude est un rangement des idées.

Pour la philosophie, l'heure était décisive.
« Il s'agissait d'opter entre les doctrines
expirantes du xviii° siècle et le retour au
spiritualisme [1]. » Renouard n'hésita pas :
s'exprimant très librement au sujet de la
philosophie du dernier siècle, il s'élevait
contre les théories qui font dériver des sen-
sations les idées nécessaires, et soutenait
que la doctrine commode établie en France
par Condillac, appliquée par Helvétius à la
morale, ne soutient pas l'examen de l'expérience.

A vingt ans, son intelligence était beaucoup plus ouverte que celle des hommes de
son âge. Il avait déjà horreur des théories
absolues; son esprit, très actif, était naturellement pondéré. Élevé au milieu des
livres, il s'était imprégné de philosophie
sans devenir sensualiste; de littérature, sans
qu'il paraisse avoir composé de tragédie.
Il salua le retour de la monarchie, sans se

1. Discours prononcé à l'Académie le 4 janvier 1868,
en prenant possession du fauteuil de la présidence.

mêler aux émigrés. Ainsi que Cousin l'a dit de lui-même, « il ne s'était pas laissé un instant surprendre à l'éclat de la dictature militaire ». La Charte avait satisfait son libéralisme ; il entendait s'y tenir, et fut consterné par le retour de l'île d'Elbe.

Dès le début de 1814, il avait commencé son droit. Un sentiment profond de la justice, un goût très vif pour son indépendance l'attiraient vers le barreau. Il y était inscrit en novembre 1816. Accueilli par les maîtres de la barre, par le bâtonnier Bonnet, le défenseur de Moreau, par Hennequin, Billecocq et Dupin aîné, il vécut en intimité avec cette élite dont les recrues de son âge s'appelaient Berville et Parquin, Barthe et Persil, Philippe Dupin, Chaix d'Est-Ange, Marie, Lanjuinais, Odilon Barrot. C'est avec eux qu'il s'essayait aux premières luttes oratoires.

Il publiait en même temps, dans plusieurs revues et journaux, des comptes rendus de livres. Son esprit était jeune et hardi. En voici un exemple, qui ne peut nous laisser indifférents. Il avait envoyé au *Moniteur*, où il écrivait souvent, un compte rendu d'un ouvrage de M. Tracy. En l'insérant dans le numéro du 11 juin 1817, le rédacteur en chef supprima la fin de l'article, « ne jugeant pas convenable, lui écrivait-il, de prendre cette initiative ». De quoi s'agissait-il? Qu'avait demandé ce jeune écrivain de vingt-deux ans? Il s'était adressé au roi pour provoquer le rétablissement de l'Académie des sciences morales et politiques. En quelques lignes d'une remarquable fermeté, il montrait les philosophes ballottés entre les littérateurs et les érudits, sans place spéciale dans nos académies, sans un centre commun d'études; il rappelait la suppression opérée par le Consulat et soutenait qu'il appartenait à l'auteur de la Charte, qui avait fondé la représentation des intérêts politiques, de compléter la représentation de la science.

Quelques années plus tard, Renouard et ses amis, usant de leur liberté, se rassemblaient chaque quinzaine en une réunion

d'études qu'ils avaient nommée la « Société
des Sciences morales et politiques ».

Le jeune homme qui prenait de telles ini-
tiatives, les amis qui s'unissaient à lui, étaient
dignes de vous être signalés. C'est dans le
sein de votre compagnie que doivent être
conservés de tels souvenirs : ils attestent le
vide qu'avait laissé la suppression de l'Académie, ils font partie de ses traditions et de
son histoire.

Il venait d'achever son stage, lorsque deux
grandes causes le mirent en vue. La conspiration du 19 août 1820, découverte en une
de ces heures de crise où les gouvernements
croient habile de grossir les dangers qui les
menacent, avait donné lieu à des arrestations
sur tous les points de la France, à une longue
instruction par la cour des pairs. C'est à côté
de ses confrères et de ses amis qu'il porta
la parole, le 22 juin 1821, pour défendre
devant la cour des pairs un jeune lieutenant
accusé de n'avoir pas révélé le complot. Les
accusés étaient nombreux; dans le barreau

de Paris, les anciens et les jeunes avaient été appelés à les défendre. Le plaidoyer de Charles Renouard, conçu avec fermeté, écrit avec talent, était un modèle. Son client fut acquitté.

Les sociétés secrètes se répandaient dans l'armée; le souvenir des gloires militaires excitant l'imagination de milliers d'officiers, la conviction très sincère que la France était humiliée, que ses maîtres la ramenaient vers l'ancien régime, qu'il suffirait d'un coup d'audace pour provoquer un de ces changements soudains qu'avait vus l'année 1815, qui venaient de se produire à Naples et à Madrid, les haines politiques accrues par les vengeances, l'esprit d'exclusion soufflant de toutes parts, tel était l'air troublé que respiraient les partis.

La conspiration des sergents de la Rochelle fut, on s'en souvient, réprimée avec une sévérité qui a laissé sur l'année 1822 une trace de sang. Des sous-officiers avaient conçu un projet fort vague de soulèvement

militaire. Douze d'entre eux furent traduits
devant la cour d'assises de la Seine. Ils
avaient pour défenseurs les maîtres du barreau. A l'un d'entre eux avait été désigné
Berryer. C'était le révélateur. Berryer refusa.
Renouard fut chargé de la défense. Les
débats furent longs et émouvants. Un épi-
sode montre ce qu'était l'avocat. Au cours
des interrogatoires, Goupillon, pressé par le
président, par le procureur général, semble
prêt à aggraver, par de nouvelles révéla-
tions, les charges qui pèsent sur ses coaccu-
sés. Soudain, le défenseur se dresse et d'une
voix pleine d'autorité : « Goupillon, s'écrie-
t-il, je vous défends de parler! » Ni les inter-
pellations, ni les semonces des magistrats
ne purent effacer le mot : l'effet moral était
produit et l'accusé s'était ressaisi. L'acquit-
tement de son client, absous comme dénon-
ciateur, ne le consola pas du verdict qui fut
impitoyable. Quatre condamnations capitales
furent prononcées et exécutées. En se mon-
trant implacable, le gouvernement des Bour-

bons amoncelait les griefs et préparait les réactions.

Au lendemain de ces premiers succès, il fut nommé secrétaire de la conférence des avocats. Il devait être maintenu en fonctions d'année en année jusqu'en 1827. Malgré de si heureux débuts, sa profession n'absorbait pas son esprit. Il avait conservé un goût très vif pour les études littéraires, et il tenait à leur maintenir une place dans sa vie.

Son premier essai remontait à 1818. Il avait déjà donné un grand nombre de comptes rendus dans les journaux ou les revues, s'occupant avec prédilection de sujets philosophiques, lorsqu'il eut la pensée de répondre au concours ouvert par la Société d'enseignement mutuel qui avait proposé un prix au meilleur ouvrage de morale élémentaire. Il concourut et fut couronné. L'ouvrage était heureusement divisé : envisageant toutes les conditions, l'auteur a un conseil précis pour chacune d'elles : enfants, adolescents, époux, amis, parents, hommes privés ou hommes publics, tous y peuvent puiser une leçon; ils y trouvent un sentiment profond de ce qui est l'équilibre de la vie, l'admirable accord établi par la providence entre les devoirs et le bonheur. De toutes les observations présentées par un esprit d'une étonnante précocité se dégage cette « règle fondamentale, c'est que dans nos rapports avec les autres hommes, il faut songer à nos devoirs beaucoup plus qu'à nos droits et bien savoir que nos droits véritables ne sont autre chose que les moyens nécessaires pour accomplir nos devoirs ». Il n'est pas un chapitre de ce petit livre, aussi fortement écrit que bien pensé, qui ne soit un hommage au principe d'harmonie opposé au principe de lutte qui est au fond de toutes les doctrines pessimistes. Un grand respect de l'œuvre de la civilisation, l'horreur de cet esprit de turbulence et de guerre qui porte les hommes à se haïr, la conviction que nos sociétés sont fondées sur les préceptes d'amour, qu'en les observant elles développeront dans leur sein le bonheur et la vertu qui en est la condition, que la morale chrétienne n'a pas encore porté avec elle tous ses fruits, que dans son sein sont enfouis des bienfaits prêts à se répandre sur les hommes, s'ils savent en observer l'esprit, telle est la doctrine d'activité, de paix et de progrès qui élève l'âme en la tournant naturellement vers le bien. C'est un livre qui laisse une impression de force et d'espérance.

Un beau livre de morale écrit à vingt-trois ans est une œuvre de pure imagination, un simple effort littéraire ou un acte. Si la vie qui s'est déroulée à la suite de cette œuvre de jeunesse est ornée de toutes les vertus, si elle a été fidèle à tous les principes, le livre de morale prend des proportions tout autres. Ce n'est plus seulement la preuve d'un talent naissant, c'est le programme entier d'une existence. Vous verrez, messieurs, que les soixante années qui ont suivi la publication des *Éléments de morale* ne lui ont pas donné un seul démenti.

L'intérieur dans lequel il avait grandi était bien propre à faire naître et à développer ses vertus. Une antique maison de famille, habitée sous Louis XIV par un ancêtre, membre de l'Académie française, contenait, rue Saint-André-des-Arts, à côté des livres qui cachaient les vieilles boiseries, les cinq enfants à l'éducation desquels se dévouaient également M. et Mme Renouard. Le mariage qui, en 1794, avait uni en leurs personnes les deux principes qui divisaient la France, n'avait pas cessé d'être heureux. Leur aspect était très dissemblable; la figure épaisse et la tenue négligée du savant contrastait avec la figure très agréable et la grâce séduisante de la mère de famille.

Dans les salons, où on ne voyait que des livres, les enfants se pressaient autour d'un aïeul, vieil émigré, coiffé à l'oiseau royal,

portant le costume de l'ancien régime; le marquis de Beauchamps vivait chez ses enfants et rassemblait autour de son fauteuil les plus jeunes pour leur conter les histoires du passé. C'est là que Charles attirait ses anciens camarades de l'école normale et ses confrères du stage. Les réunions étaient fréquentes. Parmi les amis de ses parents, les plus intimes étaient les membres de la famille d'un célèbre ingénieur, Girard, compagnon de Bonaparte en Égypte, auteur de grands travaux, et qui devait entrer plus tard à l'Institut; on se rencontrait, l'été, à Saint-Valery, dans une maison indivise; l'hiver, on se retrouvait à Paris. Charles Renouard avait un sentiment profond pour Mlle Adèle Girard. Après une longue et fidèle attente, il épousa, en 1821, celle qui devait être la consolation et la joie de sa vie.

Son activité se dirigeait en tous sens; il ne se bornait pas à plaider et à écrire; il faisait partie de plusieurs sociétés.

2.

L'école normale laisse sur les intelligences une empreinte que la vie n'efface pas. Il demeura fidèle à ses souvenirs, comme aux amitiés qu'il y avait nouées. Le progrès de l'enseignement fut, à toute époque, une de ses plus constantes préoccupations. A vingt et un ans il lui consacra son premier écrit[1]. On y trouve des hardiesses de jeune homme et des nouveautés. Après avoir tracé un tableau de l'indiscipline et de l'irréligion dans les lycées en 1815, il déclare que le grand vice de notre instruction est le rôle des maîtres d'études. Aussi veut-il les supprimer presque entièrement, et comme il se souvient avec gratitude de ses premières fonctions, il entend confier la responsabilité de la discipline à des élèves désignés par leur camarades. « Des trois éducations, dit-il, celles du corps, du cœur et de l'esprit, on ne pense qu'à la dernière ; on veut que les deux

1. *Projet de quelques améliorations dans l'éducation publique*, chez A.-A. Renouard, in-8, 28 pages, 1815.

autres se fassent toutes seules. » Il a vu de près les sentiments des professeurs. « Je suis à peu près convaincu, ajoute-t-il, que, pour tout ce qui regarde les exercices du corps, j'aurai parlé inutilement. Dans nos collèges, ces vues sont considérées comme chimériques ou comme complètement étrangères à ce qui doit occuper les maîtres. » Telles sont les réformes qu'un jeune homme appelait de ses vœux en 1815 et qu'un siècle entier n'est pas parvenu à introduire?

Il ne s'était pas découragé; dès 1816, il avait été nommé secrétaire de la Société pour le développement de l'enseignement élémentaire, et sa correspondance comme ses rapports prouvent l'intérêt qu'il portait à l'instruction populaire; il se montra un adepte fervent et même enthousiaste de l'enseignement mutuel. Le cadre parut bientôt trop étroit. En 1822, il prit part à la fondation d'une société destinée à l'étude des méthodes d'enseignement; dès le premier jour, il en fut élu secrétaire général.

Il s'agissait de fonder une sorte « d'académie d'éducation », de réunir en un centre commun ce que l'amour de l'enfance et de la jeunesse, ce que l'étude de leurs caractères et de leurs besoins pouvaient suggérer de travaux importants et de porter ainsi naturellement les hommes les plus éclairés à la tête de ce mouvement.

« L'esprit d'association, qui centuple la force individuelle, disait-il dans le rapport qui inaugurait les travaux, l'esprit d'association doit faire fructifier nos efforts. Qu'il s'empare de ces tentatives d'amélioration qui se manifestent de toutes parts dans l'éducation publique et privée; qu'il les réunisse et les coordonne; qu'il les multiplie et les dirige, la science de l'éducation ne peut pas rester stationnaire, lorsque toutes les autres marchent à grands pas. Gardons-nous de la négliger. Le perfectionnement de la civilisation est le grand devoir social que Dieu a imposé à l'espèce humaine. Le perfectionnement de l'éducation est un des moyens les plus efficaces pour bien servir cette noble cause [1]. »

Un nouveau concours, une nouvelle récompense mit en lumière en 1824 l'activité de sa pensée. Une revue qui avait groupé les intelligences les plus vives de ce temps, les *Tablettes universelles*, offrit un prix à qui étudierait « la question de savoir s'il n'existait pas une déplorable lacune entre les écoles primaires et les collèges consacrés aux études classiques ». Charles Renouard exprima en 120 pages toutes les idées qui fermentaient dans son cerveau. Il est difficile de trouver plus de pensées justes exprimées en un style plus précis. Ses raisonnements semblent destinés à notre temps, ce qui prouve à la fois que les réformes sont bien lentes et la vérité toujours jeune. Il réfute avec force ceux qui pour réaliser l'enseignement spécial veulent

1. Rapport de M. Charles Renouard, secrétaire général, lu le 5 mars 1822 à l'assemblée générale de la société, présidée par le comte de Lasteyrie.

affaiblir pour tous les études classiques, nécessaires pour soutenir un pays au sommet de la civilisation — et ceux qui, pour atteindre le même but, veulent élever la multitude au niveau de l'instruction classique. Il montre que cette lacune engendre les déclassés. Faute d'enseignement secondaire spécial, l'élève primaire intelligent se croit obligé d'aller vers l'enseignement secondaire littéraire. « Il faut, écrit-il, qu'on puisse aspirer à se rendre un artisan instruit, sans devenir un artisan latiniste. » Il conclut à la création pour le peuple d'écoles secondaires dont il trace avec précision le rôle et le plan.

Ce mémoire ne répond pas seulement à la question du concours; il en franchit les bornes et nous laisse voir ce que les esprits les plus distingués pensaient en 1824. Autour d'eux tout frémissait; malgré des déceptions, ils voyaient parmi leurs amis, ils sentaient en eux-mêmes une fièvre d'espérance. Le mal, les abus, les sottises

humaines qui existent en tous les temps
n'allumaient pas en leur cœur la haine, mais
les ardeurs généreuses. L'auteur s'applique à
tracer le tableau des progrès de l'instruction
à tous les degrés. « C'est ainsi que l'école
normale, dit-il avec fierté, avait atteint
pendant une existence de peu d'années,
la prospérité la plus haute et promis à
l'éducation, à la philosophie, aux lettres,
à l'histoire, aux sciences, de grands travaux et de rapides progrès. Cette école
n'est plus : ni ses services passés, ni sa
nécessité dans l'enseignement, ni les hautes
espérances qu'elle donnait pour l'avenir, ne
lui ont fait trouver grâce. Elle renaîtra tôt
ou tard, car les institutions nécessaires,
quoique frappées accidentellement, ne peuvent pas périr. »

Il y a, chez les hommes, un optimisme
qui consiste à ne pas voir le mal, à se bander
les yeux pour ne pas regarder ce qui choque,
à nier les abus. Cet optimisme vient d'une
infirmité de l'esprit dont s'accommode à

merveille la lâcheté du caractère. Il en est un autre qui, loin d'être un aveuglement, est une clarté, loin d'être une faiblesse, est la source d'une force. Charles Renouard discernait le mal, en souffrait comme d'un désordre, ne négligeait rien pour le montrer à ses amis; son but était de les exhorter à le combattre et il se tenait pour assuré de la victoire. Cette confiance en l'avenir provenait d'une vue très haute de la philosophie de l'histoire. « La civilisation, écrivait-il, est bien jeune encore. Les sociétés modernes que l'on représente quelquefois comme vieillissantes et touchant à la décrépitude commencent à peine à entrevoir les idées qui feront leur vie et leur force. »

La conclusion de son mémoire contient toute sa pensée : « Les temps ne paraissent pas heureux pour s'entretenir dans les espérances de si hautes améliorations : il semble qu'une puissance invisible, au lieu d'obéir à la loi des sociétés qui les pousse vers leur perfectionnement, cherche, au contraire, à

leur faire remonter la route sur le penchant
de laquelle la civilisation est entraînée par
la force des siècles. Mais les hommes qui
ont résolu de consacrer leur vie à des méditations sérieuses n'ont pas à se laisser
effrayer par ces symptômes de quelques
accidents passagers. Dans leur confiance
pour l'accomplissement de ce qui est bien,
ils ne portent leurs incertitudes que sur
l'époque à laquelle le bien s'opérera; mais
ils s'efforcent par leurs études de se tenir
tout prêts pour le moment de son triomphe.
Ainsi, dans les événements de la vie, les
alternatives perpétuelles de faiblesse et de
force, de savoir et d'ignorance, d'intrigues
et de loyauté, de fait et de droit, d'intérêt et
de devoir, jettent parfois le spectateur dans
une incertitude affligeante sur le perfectionnement des institutions humaines et le
tiennent quelque temps en doute sur les
espérances de sa raison. Le spectacle de
l'histoire doit le rassurer. »

Quand ce mémoire d'une inspiration si

3

élevée fut achevé, les *Tablettes universelles*
qui avaient ouvert le concours avaient cessé
de paraître. La Société de la morale chrétienne qui rassemblait autour de quelques
esprits supérieurs ce que la jeunesse contenait de plus brillant, décida que le prix serait
décerné dans son sein. Le duc de Broglie,
Guizot et Charles de Rémusat étaient chargés
de juger le concours. M. Guizot fit le rapport
le 13 septembre 1824 : le prix était décerné
au mémoire qui avait pour devise : *Nil despe-*
randum. Interdiction fut faite aux journaux
de publier les résultats de ce concours.
Rien ne peint mieux la situation politique.
C'est ainsi que la censure ameutait contre
elle toute la coalition des intelligences.

Il croyait à la liberté d'enseignement. Pour
le proclamer avec plus de retentissement, il
s'adressa à l'Académie française qui venait
d'ouvrir pour 1828 un concours en laissant
aux concurrents le choix du sujet. Renouard
envoya un manuscrit où il traitait cette question : « L'éducation doit-elle être libre ? » Son

style est net, sa pensée est hardie : il montre
que du droit du père de famille découle
nécessairement la liberté. Il entrevoit dans
l'avenir et annonce le temps où l'instruction
sera universelle ; il est persuadé que la diffusion de l'enseignement sera hâtée par la
concurrence. Il attaque et condamne avec
vigueur l'éducation par l'État, telle que
l'entendaient les républiques antiques. Quant
au monopole de l'Université, il ne le com-
prend que comme un instrument de domi-
nation au service du parti vainqueur voulant
convertir de force les enfants du parti vaincu.
Ce système ne convient qu'au despotisme,
et n'est pas viable sous un gouvernement
qui se dit libre. Pour maintenir le monopole
de l'État, il faudrait supprimer la liberté.
Comment serait-ce possible? dit-il avec force.
« Puisque le genre humain est perfectible, il
faut bien que ce qui est se résigne de bonne
grâce à se laisser envahir par ce qui sera. »

On dit que de déplorables influences enva-
hiront la direction des générations qui s'élè-

vent, que le respect du pouvoir établi exige
l'unité de doctrines. « La prétention à l'unité,
répond-il, tout ordinaire qu'elle soit à l'esprit humain, en est une des plus dangereuses
maladies… ses alliés sont l'intolérance dans
les opinions et l'immobilité intellectuelle…
Condition et signe de la perfection, l'unité
est exclusive de la liberté et elle suppose
l'infaillibilité »; après une discussion très
brillante, il conclut que « l'unité d'enseignement est la chimère de tous les despotismes ».
Existe-t-il une loi plus universellement condamnée que la censure? Le monopole de
l'enseignement n'est autre chose que la censure établie en matière d'instruction publique. « Ce sont toujours les particuliers pris
en tutelle au profit d'une autorité qui se
vante d'être seule capable de penser pour
eux. Or, cette tutelle, en dispensant l'homme
de réfléchir et d'agir, crée une paresse géné
rale. Le danger pour l'avenir est plus terrible
encore. « Quelle est la vue assez courte pour
ne pas voir jusqu'où les peuples s'engagent,

lorsqu'ils sollicitent le joug pour mieux poursuivre leurs ennemis? » L'auteur s'adresse au parti qui était tout-puissant sous la Restauration. « Votre confiance dans le pouvoir central, dit-il, est sans bornes aujourd'hui; mais savez-vous ce qu'il sera demain? Qu'adviendra-t-il de vous s'il tombe aux mains de vos adversaires? »

Éternelle question que la liberté ne se lasse pas de poser aux sophistes!

Tant de hardiesse effraya l'Académie; elle jugea le sujet un peu téméraire, mais elle apprécia le mérite de l'auteur et si elle ne décerna pas de prix, lui donna la première des deux seules mentions qu'elle crut devoir accorder.

Les débats judiciaires offraient au jeune avocat des garanties qui convenaient à son goût d'indépendance. Il s'y plaisait de plus en plus. Les lacunes de notre législation attiraient sa curiosité; les procès de contrefaçon lui avaient montré les vices des lois de 1791; il résolut d'étudier les lois et la

jurisprudence et, en 1825, il publia un
volume savant et cómplet ayant pour titre :
*Traité des brevets d'invention, de perfection-
nement et d'importation.* L'ouvrage était considérable et venait à propos. Lorsque l'Assemblée constituante avait voté la loi imitée de
l'Angleterre, elle cédait à des vœux isolés
qui ne répondaient pas à un besoin général.
L'industrie naissait à peine. Les arrêts de la
cour de cassation étaient rares. « Les études
juridiques ne se portaient qu'accidentellement sur cette branche du droit. » Avec la
paix et le mouvement industriel, l'accroissement progressif des brevets multiplia les
litiges, la solution d'une foule de problèmes
demeurait incertaine. Le livre de Charles
Renouard devait rendre les plus grands services. Non seulement il remontait à l'origine
du droit, en discutait la nature, reprenait les
études préparatoires de 1791, se servait heureusement des données de l'économie politique, mais il présentait l'état exact des législations étrangères, ce qui était alors une

nouveauté. Puis il examinait en jurisconsulte toutes les décisions de la jurisprudence, les classant dans le meilleur ordre, les critiquant avec sagacité et donnant à chaque problème la solution juste. Le succès fut très vif et contribua à mettre l'auteur hors de pair.

Le besoin d'une réforme législative se fit sentir avec d'autant plus de force. Un groupe se forma pour offrir un prix à l'auteur du meilleur mémoire sur « la législation la plus complète et la plus en harmonie avec les besoins et les progrès de l'industrie ». Le baron Louis, Laffitte, le duc de Broglie, Jacques Lefèvre, Joseph Périer, Renouard en faisaient partie. C'est à l'auteur du traité des brevets que fut demandée une longue note destinée à guider les concurrents : il rédigea ainsi un nouveau et très important chapitre qui résume ce qu'il est permis de demander au législateur. En répondant d'avance au concours, cette note eut pour effet de le rendre inutile et ne permit pas de regretter son échec. Le livre eut plusieurs éditions. A la fin de 1828, à cette heure d'éclaircie qui signale le ministère Martignac, lorsqu'une commission fut constituée pour préparer un projet de loi sur les brevets, Renouard fut appelé à en faire partie, et depuis cette époque il fut mêlé à tous les travaux préparatoires.

Ni le mouvement des affaires, ni les travaux du juriconsulte, ne l'éloignaient de ses études favorites : il trouvait le temps de s'occuper de la morale dans ses rapports avec l'économie et la politique, et de lui consacrer une étude sur Franklin, qui eut un grand succès. Aucun nom n'était plus populaire : mais ce que la foule admirait en lui, c'était le savant de premier ordre, le citoyen qui avait assuré l'indépendance de sa patrie. Or il avait donné l'exemple autrement rare, d'un sage ne transigeant sur aucun de ses devoirs, et mettant le bon sens au service du génie. Charles Renouard choisit les meilleurs fragments de Franklin

et les publia en les faisant précéder d'une
notice sur sa vie : il montre le philosophe
« étudiant la morale sur lui-même, s'atta-
chant à arracher de sa vie les germes de
vice et ne se croyant le droit de donner des
leçons qu'après avoir d'abord appliqué ses
préceptes à sa propre vie ». Il était né pour
comprendre Franklin; il était de cette même
famille d'âmes, à la fois sincère et simple.

Une critique très vive des abus présents,
un désir de réformes, une confiance imper-
turbable en l'avenir, tels étaient les caractères de la jeunesse de ce temps.

Les hommes qui ont fait partie, sous la
Restauration, de l'opposition la plus réso-
lue, se sont honorés en rendant hommage
dans leur vieillesse aux mérites d'un gouvernement qui avait su relever au dehors la
politique extérieure de la France, au dedans
rétablir l'ordre dans les finances; mais la
justice de la postérité, qui voit l'ensemble,
n'efface pas les souffrances supportées chaque
jour par les contemporains. Si l'on veut les

mesurer exactement, il ne faut pas se demander ce que pensaient les plus ardents, ceux
qui appartenaient aux partis bonapartiste ou
républicain et qui, excités dès le premier
jour contre le gouvernement des Bourbons,
étaient des adversaires irréconciliables. Pour
juger la conduite des gouvernants, on doit
toujours interroger ceux qui, partisans du
régime, s'en détachent à regret sous le coup
de fautes qui les blessent. Charles Renouard
avait témoigné par ses écrits qu'il était con-
servateur et chrétien : il était né pour être
un défenseur résolu de la Restauration. C'est
à la conversion de tels hommes que se
mesurent les maladresses d'un gouvernement. Il a fallu une série invraisemblable
de fautes accumulées pour que la Restauration s'aliénât ce jeune esprit. Est-il nécessaire de rappeler comment, en quelques
mois, il avait, de 1821 à 1824, vu dissoudre
l'école normale, fermer l'école de droit, supprimer l'école de médecine de Paris, exiler
à Toulouse l'école des arts et métiers, réta-

blir la censure, interdire à la Sorbonne le cours de Cousin, suspendre celui de Guizot! En déclarant la guerre à la jeunesse, un gouvernement commet une faute impardonnable : le ministère Villèle croyait sauver la Restauration ; il la perdait. Il jetait à la fois dans l'opposition tout ce qui pensait, quelle que fût la modération de leur esprit.

A aucune époque de notre histoire on ne vit toute une phalange d'hommes dans le plein développement de leur jeunesse, se préparer avec autant de résolution à gouverner leur pays. Ils avaient en eux des forces qui ne trahissent jamais : ils croyaient à la vertu des idées; ils avaient des convictions profondes. Assurés de leur prochain triomphe, ils délibéraient entre eux sur l'usage qu'ils feraient de la victoire. Que nous suivions Charles Renouard au barreau, dans ses écrits, dans les mémoires adressés au concours, que nous lisions ses rapports ou ses articles, nous retrouvons tout un ensemble de réformes dont il s'était fait, avec

ses amis, le persévérant défenseur : abolition de l'esclavage, revision des codes cri-
minels, suppression de la peine de mort ou
tout au moins diminution du nombre des
crimes capitaux, amélioration des prisons et
réforme pénitentiaire, simplification de la
procédure civile, liberté d'enseignement,
multiplication des écoles primaires, abolition
de la loterie et des jeux, tels étaient les
premiers articles des vœux qu'on pourrait
appeler les cahiers de doléances de la jeunesse de 1828. D'autres périodes ont vu des
aspirations vagues marquer l'avènement
d'une génération. Ce qui imprime à celle de
1830 un sceau que le temps n'effacera pas,
c'est qu'elle était à la fois très idéaliste et
très pratique.

Charles Renouard nous représente fidèle-
ment ces deux caractères. Il devait être tout
naturellement attiré vers un foyer d'action
qui rassemblait l'élite de la jeunesse. *Le
Globe*, dirigé par Dubois, son ancien cama-
rade de l'école normale, avait pris position

entre les violents de tous les partis, et ses
rédacteurs, tous jeunes, ardents et con-
vaincus, ne se lassaient pas de combattre
avec une égale vigueur le retour vers l'ancien régime ou vers les doctrines du despotisme impérial. Cette association intellectuelle avait pris peu à peu une influence
considérable non sur la foule, mais sur cette
élite à laquelle, quoi qu'on en dise, appartient, même dans les pays démocratiques, le
dernier mot. A Paris, *le Globe* était lu par
tout ce qui pensait. En province, les numéros
étaient attendus et répandaient tout un
ensemble d'idées sages qui réveillaient les
engourdis et apaisaient les violents. Tandis
que Duchâtel traitait de l'économie politique
avec une rare compétence, que Jouffroy et
Damiron relevaient la philosophie en rendant aux âmes redevenues libres la conscience d'elles-mêmes, pendant qu'Armand
Carrel et Duvergier de Hauranne côtoyaient
la politique sous prétexte d'articles histori-
ques et littéraires, que Vitet publiait ses

premières études sur les beaux-arts, Charles
Renouard insérait une série d'articles sur le
droit et insistait sur les réformes qu'appelait
notre législation.

Ainsi se poursuivait, grâce à l'activité de
cette vaillante cohorte, une lutte incessante
contre les préjugés qui avaient survécu à
l'ancien régime, à la Révolution et à l'em-
pire; ainsi s'amassaient les notions, se for-
maient les expériences auxquelles la France
devrait de traverser bientôt une terrible crise,
en demeurant, même au lendemain de la
victoire, fidèle à la liberté.

Les rédacteurs du *Globe* désiraient sincèrement l'accord entre la royauté et les libertés
constitutionnelles. Ayant pris part à la lutte
électorale qui avait renversé le cabinet Villèle[1], ils estimaient que toute menace de

1. Charles Renouard avait écrit pour la Société *Aide-
toi, le Ciel t'aidera* : 1° une brochure intitulée : *Il faut
semer pour recueillir*; 2° un manuel de l'électeur juré
qui fut tiré pour chaque département. Une des premières annonces déclare qu'il s'est tiré à 110 000 exem-
plaires.

révolution était désormais écartée par l'avènement du ministère Martignac. Aussi quelle
déception et quelles colères quand, le 8 août
1829, l'entrée soudaine de M. de Polignac fit
apparaître le spectre du coup d'État. Les événements allaient se précipiter. Quelques
mois plus tard, dans *le Globe*, apparaissait un
article que le ministère public jugea offen-
sant pour le roi. M. Dubois était traduit en
police correctionnelle et Renouard était
chargé de la défense. Le 26 mars 1830, la
salle du tribunal était trop petite pour con-
tenir la foule qui venait entendre l'avocat.
Son plaidoyer dépassa toute attente. S'il est
vrai que l'œuvre la plus difficile de l'histo-
rien soit de faire revivre pour les hommes
les passions qu'ils n'ont plus, il faut lire cette
harangue ferme et sobre, éloquente sans
emphase, où sont décrites, en présence de la
Charte menacée par un pouvoir aveugle,
les angoisses de tout ce qui, en France, voulait la paix. Ce n'est pas une défense, c'est
l'acte d'accusation le plus terrible contre le

ministère, acte d'accusation dressé par un
bon Français qui, haïssant le pouvoir absolu,
a cru sincèrement que la royauté constitutionnelle représentait le progrès et la conci-
liation, et qui s'aperçoit que le gouvernement n'est qu'un parti au pouvoir, ayant
conçu cette folie d'éliminer ses adversaires,
de vivre en blessant tout ce qui pense, de
croire que sa mission est d'allumer partout
la guerre, et de préparer un coup d'État qui
est destiné à rouvrir l'ère des révolutions.
Ce plaidoyer fait comprendre vingt ans d'histoire. Il fut accueilli, disent les journaux du
temps, avec enthousiasme. Le tribunal con-
damna Dubois à quatre mois d'emprisonne-
ment. Son défenseur et lui avaient lu clai-
rement dans l'avenir. Ce fut la chute de
Charles X qui devait, quelques semaines
plus tard, ouvrir au condamné les portes de
la prison.

A l'apparition des fatales Ordonnances, le
rôle de Charles Renouard était tout tracé.
Nous le trouvons au *Globe*, quelques heures

après la publication du *Moniteur*. La protestation des journalistes se prépare. Il va
la signer; on retient sa plume. Conseil des
journaux, il doit réserver sa signature à la
consultation qui démontrera l'illégalité des
Ordonnances. D'heure en heure, l'agitation
gagne; la lutte commence; on voit croître,
dans ses notes, ce trouble, mélange d'ardeur
et de désarroi, qui accompagne les révolutions; il avait horreur de l'anarchie; en
pleine lutte il conçut la pensée de rétablir
l'ordre en organisant les mairies. Il prit l'initiative d'une réunion à la mairie de Saint-
Sulpice. Grâce à lui, Lemercier, Victor
Cousin et quelques autres constituèrent une
municipalité provisoire et, le 31 juillet, ils
appelèrent à la mairie Augustin Renouard,
alors absent de Paris.

Il y a des secousses politiques qui sont
une surprise. Préparée par dix ans de lutte,
tenue pour inévitable par les plus sages,
précipitée par un acte de folie, la révolution
de juillet était le dénouement logique d'un

4.

duel qui avait mis en présence un pouvoir
vivant d'illusions et la masse de la nation
voulant la pratique loyale et pacifique de la
Charte. Le coup d'État vaincu, Charles
Renouard et ses amis furent unanimes à
saluer de leurs espérances la royauté nouvelle qui allait, cette fois, appliquer la Constitution dans sa sincérité. Il n'avait d'autre
ambition que de demeurer au barreau où,
grâce à ses succès et au départ de ses maîtres attirés par la politique, il ne manquerait
pas de se trouver au premier plan. Ceux qui
étaient chargés de reconstituer le conseil
d'État ne l'entendaient point ainsi. Le duc
de Broglie donna mission à Charles de
Rémusat de vaincre les répugnances de
l'avocat, et, le 20 août, Renouard entrait au
conseil d'État en même temps que Thiers et
Mignet, Odilon Barrot et Bérenger, Salvandy
et Duchâtel.

« Je ne tardai pas, dit-il lui-même, à
prendre les habitudes du conseil d'État et à
m'y plaire. Je trouvai là des hommes éclai-

rés, consciencieux, des esprits élevés. Je
commençais à prendre place parmi les tra-
vailleurs, lorsqu'il fallut bientôt m'apercevoir qu'une fois entré dans la carrière politique, on appartient aux événements bien
plus qu'à ses propres résolutions. »

En novembre 1830, il était nommé secrétaire général du ministère de la justice. Il
devait occuper ce poste pendant sept années
sous huit gardes des sceaux. Exercée avec
impartialité au milieu des circonstances les
plus difficiles, cette charge lui conféra sur
la magistrature une autorité sans précédent.
Les bureaux étaient envahis par les députés,
les délégués des commissions de patriotes,
venus de toutes les provinces. Qui n'a présents à la mémoire les vers de Barbier?

M. Renouard arrivait à la chancellerie à
l'heure de la « curée ». Les nominations ne
se faisaient pas par le ministre, mais par ses
amis, par son entourage, « par les députés
qui les débattaient ou les dictaient ». Il mit
ordre à cette anarchie. Il fit mieux : il par-

vint à discipliner les députés eux-mêmes,
prenant leur avis, mais se réservant de
décider hors de leur présence. Son influence
sur Dupont de l'Eure fit bientôt rentrer
l'ordre au ministère; il s'entendit mieux
encore avec Barthe, sous le grand ministère
de Casimir Périer, et consolida dès lors une
compétence que nul ne songea à lui con-
tester. Lourde en tout temps, la charge de
secrétaire général, qui possède dans ses attri-
butions le personnel, était de nature à écraser
celui qui en était alors investi. Dénonciations
contre les magistrats, sollicitations de tous
genres, appel à des mesures révolution-
naires, un grand nombre de députés en
toute autre matière modérés et raisonnables
réclamant la suspension de l'inamovibilité,
voilà ce qu'on entendait chaque jour dans les
bureaux de la place Vendôme. C'était l'heure
où un homme d'esprit disait : « Savez-vous
ce que c'est qu'un magistrat carliste? C'est
un magistrat dont on veut la place. Il fallait
lutter dans les audiences du matin et du soir

dans les couloirs de la Chambre, partout où s'assemblaient ceux qui constituaient l'opinion publique et de qui dépendaient des votes funestes à l'organisation judiciaire. M. Renouard fut un des plus actifs parmi les défenseurs de l'inamovibilité. Il avait déjà porté la parole plusieurs fois au Luxembourg et au Palais-Bourbon, comme commissaire du Gouvernement, lorsque, en juillet 1831, les électeurs d'Abbeville, en l'envoyant à la Chambre, assurèrent sa carrière politique.

Il aimait les travaux de législation ; désormais il serait en mesure de préparer les projets, de les soutenir et de les voter ; il aurait une action directe et prépondérante dans la confection des lois. Son activité allait se déployer librement : toutes les études qu'il avait poursuivies depuis dix ans lui revenaient à l'esprit. Qui pourrait les taxer de chimères ? Ceux qui les avaient conçues et discutées avec lui faisaient partie du gouvernement. Il pourrait donc prendre part à de grandes réformes. Il avait hâte de s'y consacrer et s'attacha spécialement à deux d'entre elles.

Vingt ans s'étaient écoulés depuis la rédaction de nos codes.

Le code pénal avait subi non seulement l'effort du temps, mais les violences des passions, ce qui est pour les institutions l'épreuve suprême. La valeur des lois criminelles se mesure aux garanties qu'elles offrent aux intérêts privés et publics. Un gouvernement de parti n'en peut abuser — et c'est l'honneur des pays libres — sans qu'il se forme peu à peu un courant de protestations. De 1825 à 1830, les écrivains et le barreau, ceux qui parlaient et ceux qui pensaient étaient tous d'accord pour redresser les mêmes abus. Adoucir les peines et étendre les circonstances atténuantes pour ne pas placer le juge entre un châtiment démesuré ou l'impunité, diminuer le nombre des crimes capitaux, rayer de nos lois le crime de non-révélation de complots qui avait multiplié les procès politiques et

fait couler le sang sur l'échafaud, faire passer
en un mot sur le code pénal un peu de ce
souffle de justice qu'une philosophie plus
humaine faisait succéder partout aux doctrines d'intimidation, tel fut le caractère de
cette réforme de 1832 qui, venue à son
heure, répondait aux aspirations les plus
hautes. M. Renouard travailla activement à
la préparer; il fit partie de la commission
avec Martin du Nord, Bérenger, Rémusat,
Merilhou et Dumon. Il prit la plus large part
à la discussion, luttant vaillamment contre
l'esprit de routine : quelques-uns de ces discours serviraient à plaider des causes que
nous n'avons pas encore gagnées. Quand la
loi fut portée à la Chambre des pairs, il fut
le seul député qui pût l'y suivre : grâce à sa
qualité de commissaire du gouvernement, il
assista le garde des sceaux à la tribune du
Luxembourg.

A peine la réforme était-elle promulguée
qu'il s'attacha à une autre œuvre non moins
considérable. La Charte de 1830 avait

promis la liberté d'enseignement : l'instruction primaire — tout le monde le reconnaissait — devait en bénéficier la première.
Sous le cabinet Casimir Périer, le ministre
de l'instruction publique avait présenté un
premier projet; son successeur en déposa un
second, en février 1833. Tous les deux
avaient été préparés avec la collaboration de
Victor Cousin. Le projet qui porte le nom de
M. Guizot et qui fut défendu par lui à la tribune des deux Chambres et dans ses
mémoires avec une si haute éloquence, eut à
la Chambre des députés, pour rapporteur,
celui qui n'avait cessé, depuis sa sortie
de l'école normale, d'appeler de tous ses
vœux la diffusion de l'enseignement élémentaire. Le rapport de M. Renouard est un des
morceaux les plus achevés qui soient sortis
de sa plume. C'est un modèle de discussion
simple, franche et honnête : sa sincérité est
entière : pour lui, passionnément attaché au
développement de l'instruction publique,
cette liberté est le gage des améliorations

réservées aux autres branches de l'enseignement. A ceux qui déjà s'alarment, il s'adresse,
non pour leur voiler l'avenir, mais pour
leur apprendre ce que sont les conditions
normales de la lutte; il sait que « la liberté
d'enseignement, dit-il, armera souvent contre
les idées qui nous sont les plus chères à tous,
des opinions et des influences ennemies :
sans cela, elle ne serait pas la liberté. Mais
nous l'aimons ainsi, parce que nous avons
foi en elle et en nous, et parce que nous
savons que l'avenir appartient à la vérité. »

Comme Guizot, comme Jules Simon, il
voyait dans l'instruction primaire en elle-
même, non un but, mais le moyen de faire
pénétrer dans l'esprit avec l'enseignement
de la morale, les notions qui, seules, font
l'homme vraiment libre. Tout ce qu'il avait
pensé, tout ce qu'il avait accumulé depuis
1816, de mémoires, de rapports, de notes,
d'articles sur ces grandes questions, l'avaient
amené à cette conviction que « pour amé-
liorer la condition des hommes, c'est d'abord

leur âme qu'il faut épurer, affermir et éclairer [1] ». Problème poignant, qui pèse encore sur nos consciences, et qui aboutit, suivant la solution qu'on lui donne, à faire de l'instituteur le meilleur éducateur de l'enfance ou son plus funeste corrupteur.

Les débats parlementaires qu'il suivait assidûment ne le détournaient pas d'une plus noble ambition. Il avait conçu la pensée de rajeunir nos lois en les soumettant à une revision successive. Ce qui avait été fait pour le code pénal, en y introduisant des améliorations prudentes et humaines, il estimait qu'il était urgent de l'accomplir pour le code de procédure civile [2]. Le code de commerce attirait également son attention. Dès 1833, il lisait à une commission présidée par le garde des sceaux, un rapport étendu sur les modifications à apporter au titre des faillites. En 1835, rapporteur

---

1. Guizot, *Mémoires*, III, 55.
2. Il l'avait dit dans un article du *Globe* auquel, à soixante-douze ans de distance, il n'y aurait pas un mot à changer.

d'une loi spéciale qui incorporait au code de commerce 177 articles nouveaux, il ne cachait pas à la Chambre que ce projet était le fragment d'une œuvre plus vaste destinée à faire suivre à nos lois les progrès du temps. Il montrait le code civil « respecté et respectable », et déclarait que « les autres codes n'avaient ni obtenu ni mérité au même degré l'adhésion publique ». Le code de 1807 a été rédigé sous une inspiration de défiance, due au scandale de faillites éclatantes. L'empereur voulut une législation sévère, elle fut impitoyable et confondit le malheur et le crime. L'œuvre à laquelle se consacra M. Renouard avait pour but de rendre le code moins fiscal, de l'alléger de beaucoup de formalités, d'accueillir le débiteur malheureux avec mansuétude, de poursuivre sévèrement sa mauvaise foi, de frapper enfin les arrangements particuliers en « maintenant entre les créanciers l'égalité du malheur et des chances ». Il soutint tout l'effort de la discussion d'une loi qui devait entrer dans nos codes en 1838.

Énumérer les débats parlementaires auxquels il concourut serait reprendre la liste des lois votées et celle, autrement longue, des projets préparés de 1831 à 1838. Jamais le travail d'élaboration entrepris au ministère de la justice n'avait été plus actif. Brevets d'invention, propriété littéraire, organisation du conseil d'État, réforme hypothécaire, expropriation pour cause d'utilité publique, procédure civile, toutes ces questions l'occupèrent successivement. Rapporteur de la loi sur les justices de paix, il fit voter l'accroissement de leur compétence.

Comment n'être pas surpris du nombre et de la qualité des lois votées en cette période; Assurément, la puissance de travail du secrétaire général, sa présence pendant sept années au ministère de la justice, maintenant l'unité à travers les crises ministérielles, expliquent l'impulsion donnée aux

commissions qui préparaient les projets de
loi; mais à quelle cause faut-il attribuer la
valeur de l'œuvre législative? pourquoi les
discussions étaient-elles à la fois courtes,
précises et fécondes? Ceux que j'ai inter-
rogés dans leur vieillesse, M. Renouard
aussi bien que ses amis et ses contemporains, étaient en plein accord : ils ne souf-
fraient pas aisément qu'on exaltât la valeur
des députés de leur temps, ils ne croyaient
pas très élevée la moyenne intellectuelle des
membres de la Chambre, mais ils leur
reconnaissaient un mérite, celui d'admettre
les supériorités et de les suivre. Dans le sein
de chaque Chambre, il y avait une élite de
capacités indiscutées qui remplissaient les
commissions, préparaient les textes, les dis-
cutaient et déterminaient le vote. Quand
un projet intéressait nos lois criminelles,
Bérenger faisait autorité. S'agissait-il du
droit administratif, on écoutait Vivien. Dans
les Chambres, les commissions étaient com-
posées de Dufaure et d'Hébert, de Laplagne-

Barris et de Renouard, de Barthe et de Martin du Nord. Plusieurs exerçaient les plus hautes fonctions dans l'ordre judiciaire. Ainsi les meilleurs serviteurs de l'État étaient intimement mêlés à la préparation des lois. L'expérience pratique des Portalis, des Dupin, des Séguier, des Debelleyme, jetait dans les débats une lumière décisive. L'heure des défiances n'avait pas sonné, et nul alors ne pensait que la présence, dans les assemblées, des chefs de nos compagnies judiciaires pût enlever quelque valeur à nos lois.

Quand le gouvernement appela M. Renouard à la cour de cassation, personne ne fut surpris que le nouveau conseiller sollicitât et reçût des électeurs d'Abbeville la confirmation de son mandat législatif.

Après la lourde charge du ministère si longtemps supportée, un siège à la cour de cassation, c'était le port après la tempête, c'était le repos vaillamment gagné.

Il ne l'entendait pas ainsi. Les études de

droit allaient reprendre une part de sa vie.
A plusieurs reprises, il avait lu de savants
mémoires devant cette Académie des sciences
morales et politiques dont il avait, tout
jeune, réclamé la reconstitution et dont il
avait salué le rétablissement. Au commen-
cement de 1837, il avait communiqué à
notre compagnie une « théorie des droits
des auteurs sur les productions de leur intelligence » qui avait vivement frappé vos pré-
décesseurs. C'était le résumé et comme la
pensée maîtresse d'un ouvrage considérable
sur les droits d'auteurs dans la littérature,
les sciences et les beaux-arts : il l'avait
entrepris dès 1830, en avait commencé l'impression[1] et avait dû l'abandonner : il s'y
remit avec ardeur. Le premier volume, qui
parut en 1838, comprenait l'histoire du droit
et la théorie philosophique qui lui sert de
fondement; il était suivi de l'état des législations étrangères. En 1839, fut publié le

1. *Traité des droits d'auteurs*, t. II, p. 7.

deuxième volume consacré à l'examen de la
jurisprudence et se terminant par une analyse de la remarquable discussion qui venait
d'avoir lieu à la Chambre des pairs.

Entre sa première œuvre et celle-ci, il y
avait un lien intime. La protection que
l'État accordait à celui qui avait créé une
machine devait-elle être refusée à l'inven-
teur d'une idée, à l'écrivain, à l'artiste qui
avait donné une forme nouvelle à la vérité
ou à la beauté? La société contractait, évi-
demment, une dette de reconnaissance envers
ceux qui enrichissaient son patrimoine, en
découvrant une source inconnue de richesse
intellectuelle. Tout le problème était de
fixer l'étendue de cette dette. Comment
limiter les droits réciproques de l'auteur et
de la société? Dans ce partage nécessaire,
les auteurs élevaient la prétention d'obtenir
un droit privatif perpétuel; ils soutenaient
que la création de leur esprit, la forme dont
ils l'avaient revêtue leur appartenaient
comme un champ, comme une maison, et

qu'ils pouvaient la transmettre à leurs descendants de génération en génération. C'était, à leurs yeux, une propriété régie par les principes ordinaires du droit. Quelque temps après, dans une mémorable discussion à la Chambre des députés, le rapporteur, M. de Lamartine, mettait au service de cette thèse tout ce que l'imagination peut inspirer à l'éloquence. Rapport et discours, tout tendait à la perpétuité, et l'orateur se résignait avec peine à laisser périr le droit cinquante années après la mort de l'auteur. M. Renouard contestait cette doctrine ; à la tribune comme dans son livre, il reconnaissait au profit des auteurs des droits très étendus, allait jusqu'à donner à leurs héritiers un privilège de trente années après la mort de l'écrivain, mais ne leur concédait pas la perpétuité ; et, pour le bien montrer, il se refusait à employer l'expression « propriété littéraire ». Au bruit de cette polémique, les auteurs avaient pris feu ; armés de la plume, ils soulevèrent la presse. Les journaux étaient

unanimes contre M. Renouard ; ils dénon-
çaient toute transaction, et la tenaient pour
un déni de justice. Cette levée de boucliers
ne déconcerta pas plus le député que le jurisconsulte. Son culte pour les lettres ne par-
vint pas à voiler un instant l'idée du droit.
Sa conscience demeurait indépendante de
toute agitation extérieure ; elle était très
libre et très ferme.

Son intervention dans les discussions
législatives revêtait un caractère tout parti-
culier. Même quand il n'était pas le rapporteur, il semblait diriger le débat. La loi de
1841 sur l'expropriation pour cause d'utilité
publique n'était, au début, qu'une loi d'amen-
dement, corrigeant quelques articles de celle
de 1833 ; il démontra que cette méthode
était mauvaise et obtint, dès le commen-
cement de la discussion, que la Chambre y
renonçât. A côté de M. Dufaure, rapporteur
du projet, M. Renouard s'appliqua à conduire la discussion ; il signalait sous chaque
article les lacunes pour les combler, les

sources de procès pour les tarir. Il était véritablement, auprès du pouvoir législatif, le représentant de la jurisprudence.

M. Renouard avait plus de soucis de ses projets de loi que des sollicitations de ses électeurs. Ils le punirent, en ne le renommant pas aux élections générales de 1842. Il s'en consola aisément, en redoublant d'activité. Depuis la réforme du code de commerce, qui lui était due, il travaillait à un traité des faillites : cet ouvrage, en deux volumes, constituait le commentaire le plus étendu et le plus complet. Ainsi, chacun de ses livres avait une mission spéciale : les uns montraient au législateur sa tâche, et la préparaient, les autres venaient après la promulgation de la loi, et expliquaient la pensée de ceux qui l'avaient votée. L'écrivain, le député et le magistrat, en se confondant, donnaient au livre une incomparable autorité.

C'est comme publiciste et dans les revues de droit qu'il prit part aux discussions de la

loi sur les brevets d'invention que son grand
ouvrage et ses travaux dans les commissions avaient si efficacement contribué à
préparer.

Il ne devait pas tarder à rentrer dans nos
assemblées : le gouvernement l'appela à la
Chambre des pairs. Il y était à sa place. Sa
vie allait s'écouler, très pleine et très digne,
entre le Palais de Justice et le Luxembourg,
discutant les lois et les interprétant. Il
comptait s'y vouer aux tâches paisibles qu'il
aimait. Mais il avait eu raison de dire que la
politique, lorsqu'elle s'empare des hommes,
en dispose durement. Le procès Cubières et
Teste transforma la pairie en cour de justice,
membre de la commission d'instruction, il
fut désigné par le chancelier Pasquier pour
en être le rapporteur. Il accomplit, non sans
tristesse, mais avec courage, cette mission
de justice qui remplit la session de 1847. Il
avait hâte de reprendre le cours de ses travaux législatifs.

Tout ce qui touchait au développement

de l'enfance l'intéressait vivement. Le travail des enfants dans les manufactures avait appelé l'attention des moralistes; les industriels d'Alsace sous l'impulsion de Jean Dolfus et de ses amis, avaient fait les plus généreux efforts; la loi devait les compléter. Si elle est dangereuse quand elle se mêle de protéger l'adulte, elle est nécessaire pour venir au secours de l'enfant. Rapporteur du projet, il eut l'honneur de démontrer que la loi n'attaquait ni la puissance paternelle, ni la liberté de l'industrie, qu'elle se contentait, ce qui est bien différent, de punir leurs fautes et de réprimer les délits commis en leur nom. Inspirée par Villermé, défendue à la Chambre des pairs par Rossi et Charles Dupin, la législation protectrice de l'enfance semblait sortie de vos délibérations. La discussion dans les deux Chambres se ressentait de l'esprit qui anime vos travaux.

En 1841, au Palais-Bourbon, en 1847 et en 1848, au Luxembourg. M. Renouard repoussait énergiquement le préjugé funeste qui tendait à se répandre et qui réclamait déjà du législateur « l'organisation du travail ». Il avait voulu voir ce que recouvraient ces déclamations, et il lui avait semblé que « la conclusion de toutes les attaques contre la société était celle-ci : L'homme n'est pas assez sage pour se conduire lui-même; il faut transporter le soin de sa conduite à un pouvoir supérieur ». Or, ce pouvoir, c'est le despotisme; il le détestait sous ses deux formes, unitaire ou collective, qu'il vînt d'un homme ou qu'il s'appelât le despotisme populaire.

Une semaine après ce discours, la monarchie constitutionnelle était renversée; l'ère des révolutions s'ouvrait de nouveau. Les appréhensions de M. Renouard étaient profondes; il aimait trop la liberté pour ne pas redouter, à la suite des excès qui devaient la perdre, l'avènement successif de l'un et de l'autre despotisme; il savait qu'ils s'appellent et se succèdent suivant une loi de l'histoire. Il suivit avec sympathie les courageux efforts de ceux qui essayèrent, pendant trois ans, de donner à la République un équilibre que la Constitution de 1848 lui refusait. Il voyait s'aggraver de jour en jour le conflit entre l'élu du peuple et les mandataires de la nation, tirant leurs pouvoirs de la même origine et agissant en sens contraires. Il croyait, comme tous ceux qui ont le respect du droit, que la loi constitutionnelle, même médiocre, doit être scrupuleusement obéie et que presque toujours elle suffit à tout, si elle est interprétée par des hommes de bon sens et de bonne foi. Il était convaincu que l'usage de la force contre les lois est toujours un acte coupable, qui porte malheur à ceux qui le commettent. L'attentat populaire du 24 février l'avait atteint dans ses convictions; le coup d'État du 2 décembre le blessa non moins cruellement.

Il n'avait plus de rôle politique à jouer; aucune charge ne l'obligeait à protester. Ce fut au nom du droit violé que, magistrat, il fut tout à coup mis en demeure d'agir.

L'Assemblée législative, chassée du Palais-Bourbon, s'était réunie à la mairie de la rue de Grenelle ; elle avait déclaré déchu le président de la République et enjoint aux juges de la Haute-Cour de se réunir immédiatement pour procéder au jugement du président et de ses complices. La Haute-Cour s'était constituée sur-le-champ dans une des salles de la cour de cassation et avait nommé, pour son procureur général, M. Renouard. La délibération, interrompue par l'arrivée de la force armée, fut reprise le 3 décembre, à midi, au Palais de Justice ; averti la veille au soir par un des juges, il n'avait pas hésité : introduit dans la salle, il déclara qu'il acceptait les fonctions de procureur général. « La cour, disent les registres, lui donne acte de sa déclaration. » Quelques instants après, le palais était occupé par les troupes ; un commissaire de police entrait et sommait la Haute-Cour de se dissoudre. « Nous ne céderons qu'à la force », dit le président. Le commissaire alla chercher des

soldats, fit évacuer la salle et déchira la page
du registre sur lequel venait d'être inscrit le
procès-verbal constatant la violence. Les
magistrats durent se séparer et leur arrêt,
lithographié dans les imprimeries clandes-
tines, affiché dans les rues de Paris, demeura
l'unique et vaine protestation de la justice.

La force primait le droit — et lorsque,
vingt ans plus tard, M. Renouard donnait,
dans une circonstance solennelle, un démenti
à cette parole impie, sa pensée se partageait
entre ses douleurs de 1851 et de 1871, lui
rappelant qu'aux deux dates il avait eu l'honneur d'être parmi les vaincus.

Le pouvoir nouveau n'osa pas chasser de
la cour de cassation les membres de la
Haute-Cour; de leur côté, les magistrats réso-
lurent de ne pas donner aux gouvernants
la satisfaction de se démettre. M. Renouard
demeura au poste où il avait été appelé
en 1837 et n'accepta rien du gouvernement
issu du coup d'État.

La cour de cassation et ses travaux judiciaires l'absorbèrent tout entier. Pendant dix-huit ans, il s'y voua avec l'ardeur que son âge mûr avait conservée. Que vous dirai-je de ses rapports, de ses arrêts? Qu'attendez-vous de moi? Le vrai magistrat n'a pas d'histoire. Le fauteuil sur lequel il siège n'est pas une tribune. La salle d'audience peut parfois recevoir les bruits du dehors; elle les amortit et les apaise; la vérité n'a besoin ni d'emphase ni de déclamation; toujours d'accord avec la justice, elle est l'unique passion du juge et, par un singulier contraste, seule de toutes les passions de l'homme, son langage est la sérénité. Plus nos sociétés sont agitées et plus le prétoire doit demeurer un lieu d'asile; plus il doit échapper aux troubles et aux violences du dehors, à l'esprit de contestation et de doute; M. Renouard, qui avait pris part aux débats de la liberté, qui en avait conservé le goût et le respect, prisait très haut cette charge étrangère aux polémiques, supérieure aux discussions irritantes, dédaigneuse de la popularité, qui confère au juge la mission, non de faire la loi, mais de l'interpréter et de fixer souverainement son sens et sa portée. Il faudrait le suivre jusque dans les travaux intérieurs de la cour pour le faire comprendre tout entier. Nous sera-t-il permis de lui appliquer ce qu'il disait lui-même du premier président Portalis[1], dans une note inédite qu'il adressait à M. Mignet? « Il aimait les travaux de l'audience et y était assidu. Il se sentait là dans sa sphère et au milieu des siens. Il y obtenait la meilleure part de succès qu'on y puisse attendre : sa parole était religieusement écoutée et il était facile d'apercevoir que ses collègues se trouvaient rassurés et satisfaits quand ils partageaient son avis. Quand la discussion semblait épuisée, il lui arrivait de présenter la question sous un aspect nouveau et surtout d'en agrandir

[1]. Notes rédigées par M. Renouard et remises le 1er mai 1859, sur la demande de M. Mignet, qui préparait alors une notice sur le premier président Portalis, membre de l'Académie des sciences morales et politiques.

la portée; le tour généralisateur de son esprit, la nature et l'étendue de ses études, les habitudes de sa vie et sa constante participation aux travaux législatifs l'avaient mis en possession des grandes théories. Familier avec le droit public et le droit des gens, avec les législations et les littératures étrangères, versé dans la connaissance de l'histoire et fort au courant des problèmes philosophiques, il voyait les questions d'en haut et les abordait par leurs grands côtés. » Ses rapports étaient des modèles d'analyse précise et ferme, de conclusion lumineuse et sagace. Il n'aimait pas les expédients de la procédure, il se défiait de la fausse équité, il se tenait à égale distance des étroitesses et des abstractions. Plus d'un rapport de M. Renouard est demeuré dans nos annales judiciaires comme un monument de jurisprudence.

L'œuvre quotidienne du jurisconsulte ne suffisait pas au développement de sa pensée. Il aimait en tout à remonter aux causes. La

philosophie du droit était son domaine pré-
féré. En 1860, il se décida à publier un
ouvrage, fruit de ses longues méditations.
Jamais titre n'avait donné une moins juste
idée de l'œuvre. Il ne s'agissait pas seulement du *droit industriel*, mais surtout,
comme l'indiquait le sous-titre, des principes du droit sur les personnes et sur les
choses. L'auteur examine avec profondeur
et résout avec élévation les problèmes de la
liberté et de la destinée humaines; il y voit
les assises et comme les raisons mêmes du
droit; puis, dans une suite de chapitres, il
passe en revue les questions qui se rat-
tachent à l'homme en lui-même, l'envisageant tour à tour comme individu dans la
famille, comme citoyen dans l'État, ou
comme membre d'une association. Dans
une seconde partie, se déroulent les rapports entre l'homme et les choses : la propriété, sa nature, ses modes d'acquisition,
légitimes ou illégitimes, le domaine privilégié issu d'une création de la loi et proté-

geant les industriels, les auteurs et les artistes, tel est l'ensemble des sujets traités ; il les aborde tous avec une pleine indépendance d'esprit. Ses jugements sont hardis et sages ; ils ne sentent pas la désespérance de la vieillesse et en ont toute l'autorité. En face de la législation qui existe, il place le droit tel qu'il le souhaite : il n'hésite pas à dire que la liberté des cultes, en France, est soumise à l'arbitraire et il appelle de ses vœux le jour où la liberté d'association pourra lui être accordée ; il espère un nouveau progrès de nos lois pénales et une revision de l'échelle des peines ; il proteste contre l'isolement des peuples élevant entre eux les murailles des douanes et croyant s'enrichir en supprimant les échanges ; il montre avec force que la réglementation, en intervenant dans la distribution des produits du travail, appauvrirait les uns et enrichirait les autres. Ce qu'il ne peut admettre, ce qu'il poursuit de ses critiques, c'est l'ingérence de l'État prétendant régler le travail de l'homme, la production de son industrie, le mouvement de son commerce. Il prouve que, de la diversité apparente des forces, naît une harmonie, qu'une direction apparaît, que des courants se forment qui établissent à la fois le mouvement et l'équilibre. Que l'homme dans son infatuation, se mêle de gouverner ces actions secrètes, qu'il substitue ses lois et sa prévoyance à ces attractions naturelles, « tout ordre sera détruit, toute harmonie sera troublée; le chaos seul régnera », et, avec l'arrêt du travail, la misère sera générale.

Cette étude profonde et grave sur la philosophie du droit n'était pas faite pour les foules. Elle provoqua l'attention de ceux qui pensent. Il y avait très longtemps que la place de M. Renouard était marquée dans votre Compagnie. L'Académie l'appela dans son sein, en remplacement de M. Laferrière, le 20 avril 1861. Il fut élu à l'unanimité, moins une voix.

Il y conquit dès le premier jour, une auto-

rité qu'il devait exercer pendant seize
années : ses rapports sur l'influence des
peines, sur les actions commerciales, sur le
mariage au point de vue moral et légal sont
des œuvres qui ont fait grand honneur à
votre section de législation.

A la mort de Victor Cousin, il sut parler
de lui, de sa jeunesse, de son action sur les
intelligences, de leurs souvenirs communs
depuis le concours général et l'école normale avec une émotion qu'il fit partager à
l'Académie tout entière.

Tandis qu'il apportait à vos délibérations
le poids d'une influence qui ne cessait de
grandir, le doyen de la cour de cassation
était enlevé à son siège de conseiller par
l'effet d'une loi « qui interdit à la magistra-
trature de s'honorer de ses vieillards et
d'épuiser les services de leur expérience [1] » ;
loi aveugle et malfaisante, inflexible comme
une date jalouse de tout respect, haineuse

1. Renouard, Note inédite... (Voir p. 67, note.)

des supériorités qui ne peut être jugée et condamnée nulle part avec plus de sévérité que dans cette enceinte où nous avons le bonheur de constater la présence toujours active de ceux qui, après avoir été frappés par elle ou avoir dépassé l'âge qu'elle fixe, conservent, sous nos yeux, comme par un perpétuel démenti, la plénitude d'une intelligence qui fait l'honneur et la gloire de l'Institut.

Il entrait dans la retraite, mais n'entendait pas y trouver le repos : il comptait partager son temps entre les souvenirs du passé, l'achèvement de ses travaux et ce qu'en vrai philosophe il appelait « les méditations du seul sérieux avenir[1] », quand l'année 1870 vint réveiller en son âme toute les indignations du patriotisme. Ni son âge, ni la santé profondément atteinte de Mme Renouard ne lui permettaient de partager les épreuves du siège de Paris. C'est à

1. Renouard, Discours d'installation à la cour de cassation.

Pau, auprès d'une partie de sa famille, digne de le comprendre et de sentir avec lui, que s'écoulèrent les mois d'angoisse. Dans le courant de décembre, il y vit venir, errante et fuyant l'invasion, la section temporaire de la cour de cassation qui avait siégé pendant deux mois à Poitiers. Les calamités publiques semblaient avoir atteint leur terme, lorsque au deuil de la nation mutilée vinrent succéder les humiliations bien autrement douloureuses de la guerre civile. A la défaite s'ajoutait la honte, puis, pour la cour de cassation, les pertes les plus cruelles. Après le président Bonjean, assassiné comme otage, mourait le procureur général Paul Fabre, atteint au cœur par tant de catastrophes.

Le gouvernement de M. Thiers qui, appuyé sur l'Assemblée nationale, allait relever la France, n'hésita pas à faire appel à M. Renouard. M. Dufaure alla le chercher dans sa retraite et demanda à celui qui était, vingt mois auparavant, le doyen de la cour de cassation de devenir son procureur général. C'était un digne hommage rendu à la science et à la vertu ; mais nul n'espérait que les forces de M. Renouard lui permettraient d'occuper cette charge pendant six années et de la remplir avec tant d'éclat.

C'est la fin de sa vie qu'il nous reste à raconter ; mais à elle seule, elle aurait suffi à honorer toute une carrière.

Je ne sais en vérité, messieurs, s'il y a un plus beau spectacle que celui d'un homme, parvenu à la vieillesse, contemplant d'un regard paisible les événements dont il a été témoin, comprenant le lien qui les rattache et découvrant, à la lumière de sa longue expérience, le sens caché des choses qui est la philosophie de la vie. Si, à une grande profondeur d'esprit, à une disposition à tout observer, à rechercher l'origine des événements, à croire que « le hasard n'a point de place dans la création[1] », il joint

---

1. Discours sur le progrès du droit, p. 13.

un perpétuel souci de l'homme, de son rôle, de sa responsabilité devant la société humaine et devant Dieu, auteur de la loi morale qui inspire et domine toute loi, il se trouve naturellement porté à ces hauteurs d'où il peut donner à ses contemporains les plus graves leçons de morale et d'histoire.

Les vieilles mercuriales de d'Aguesseau étaient destinées aux magistrats qui l'écoutaient. Les six discours que le procureur général Renouard prononça de 1871 à 1876 s'adressaient aux mœurs de son temps. C'est le sort de tout ce qui est simple et vrai de grandir avec la distance. Le jeune homme qui avait écrit à vingt-trois ans les éléments de morale, qui avait consacré sa jeunesse à l'étude des plus nobles réformes, qui avait travaillé à l'extension de l'instruction populaire, à l'adoucissement de nos lois pénales, qui n'avait cessé d'étudier l'homme et de l'aimer, venait, au terme de sa vie, prononcer le jugement qui la résumait. Il se

levait dans l'assemblée des grands juges de
son pays, au sein de la plus haute juridic-
tion, dont ses vertus l'avaient appelé à
devenir un des chefs. Tout en s'adressant à
ses collègues, sa parole portait bien au delà.
Il aimait trop sa patrie pour ne pas sentir
ce qui lui manquait; les révolutions, les
guerres, les secousses horribles que la
France venait de traverser avaient mis en
saillie les traits de son caractère. Tout
entière occupée à panser ses blessures, elle
était partagée entre l'indignation et la dou-
leur; l'humiliation risquait de faire naître
en elle le découragement. Il fallait lui montrer un grand but à atteindre. C'est au même
prix que l'homme et les nations se relèvent.
Pour lui, comme pour elles, l'effort et le
travail sont la seule voie du salut. L'esprit
de colère et de haine est stérile. M. Renouard
craignait que « les ressentiments de nos
récentes défaites n'éteignissent dans le
cœur de la France l'intelligence des vérités
éternelles », il osa dire que « la paix était

bonne, que la guerre était criminelle ». Au lendemain de nos défaites, alors que le sol de la patrie était encore occupé, il proclamait en face du vainqueur que *le droit prime la force.*

Aux récits du passé où l'on n'entend que l'écho prolongé des batailles, il opposait le tableau des grandes victoires du droit : il montrait l'esclavage antique supprimé par le christianisme, le servage détruit au moyen âge, l'esclavage des noirs aboli sous nos yeux et poursuivi comme une honte par les peuples civilisés. Il faisait ressortir les conséquences du principe de l'égalité devant la loi, pénétrant dans la société, minant peu à peu les privilèges et faisant rentrer, après leur écroulement, tout ce qui était l'exception dans le domaine du droit commun, c'est-à-dire de la justice; il évoquait le souvenir des guerres religieuses, déchaînant les pires violences et donnant à l'homme l'illusion de croire qu'en commettant tous les crimes il témoignait de sa foi.

Il rappelait enfin que le jour venait où la liberté des cultes et la liberté de conscience entrant peu à peu dans les mœurs, n'auraient plus pour adversaires que les Jacobins ennemis de toutes les libertés.

Quand on proclame que le progrès est la loi de l'histoire, il ne s'agit pas d'une force fatale qui fait sortir du temps toute amélioration. Partout l'homme a voulu l'amélioration de son sort : de ce besoin individuel, il s'est élevé — et c'est la grandeur de sa destinée — aux idées de progrès général. De sa volonté seule dépend le progrès. Si jamais pouvait prévaloir dans le monde une philosophie démontrant l'impuissance de la faculté de vouloir, la marche de la civilisation elle-même se trouverait ralentie, puis arrêtée.

Moralistes, jurisconsultes, orateurs, écrivains, tous ceux qui pensent, tous ceux qui parlent ont donc le devoir absolu de montrer aux citoyens ce que sont leurs devoirs. Le progrès matériel, dont il est si facile de tracer le tableau, n'est rien « s'il ne profite au perfectionnement par excellence, à celui des âmes individuelles[1] ». « Sachons-le bien, dit-il, l'avenir appartiendra aux peuples qui travaillent à se vaincre eux-mêmes plus qu'à ceux qui rêveront de vaincre les autres. Nous serons sauvés si nous comprenons que nos vrais ennemis sont l'égoïsme, la cupidité, le culte de la matière, l'ignorance, le mépris des lois et de l'obéissance, la négation du droit qui prime la force, la lâche abstention des devoirs politiques[2] ». A ces vérités de bon sens, il revient sans se lasser. « Ce qui ne se comprendrait pas, dit-il, et demeurerait sans excuse, ce serait d'allier désormais, à la prétention d'être devenu un peuple libre, la nonchalance à user de la liberté[3] ». Son optimisme — don fatal quand il aveugle — ne lui cache pas les périls : il les discerne à merveille : il voit la foule qui n'a pas eu le

1. *Le droit prime la force*, p. 32.
2. *La Cour de cassation en 1870-1871*, p. 12.
3. *Le droit prime la force*, p. 11.

temps d'apprendre, qui est ignorante, qui obéit à ses besoins et aux sentiments plus qu'à la raison, armée du pouvoir avant d'avoir compris les conditions de la liberté; il la voit faisant irruption dans des sphères où régnaient des classes en possession de supériorités traditionnelles. A cette élite, il déclare hardiment qu'elle a charge d'âmes; l'ignorance de ces foules, c'est elle qui doit la dissiper : il ne lui est pas permis de céder à la panique; elle doit ouvrir ses rangs, et enseigner les conditions de la paix sociale qui repose sur l'alliance de la morale et du droit.

Toute autre conduite serait de la folie. « La clairvoyance, dit-il, manque étrangement aux amis du passé et aux adorateurs des pouvoirs absolus lorsque leurs chants d'espérance et d'allégresse célèbrent la prépondérance de la force. Imprudents! Eux aussi ont tout à craindre d'elle et périraient sans le droit! la force a changé de prétention et de place; elle était en haut, la voici en bas. Elle n'appartient plus au groupe privilégié des heureux de la terre ; elle a passé dans les mains d'une multitude envahissante[1]. »

Il n'était pas assez oublieux des conditions de nos sociétés modernes pour nier la nécessité de la force ; mais il la voulait au service du droit et il la respectait alors comme un instrument capable de grandes choses ; il n'admettait pas qu'elle dominât l'ordre civil. Sans le droit et contre le droit, la force est une violence sans excuse. Sans la force, le droit demeure, supérieur aux défaites, indestructible comme une doctrine, éternel comme la vérité.

Mais si haut qu'il fût placé, le droit aussi courait des dangers ; comme tout ce qui se passe par l'intermédiaire de l'homme, il peut être mal interprété et corrompu. M. Renouard montrait avec autorité que la seule garantie de la justice définissant le droit

1. *Le droit prime la force*, p. 28.

était l'*impartialité*. Contre elle se liguait tout ce qui pouvait altérer les jugements : l'esprit de corps, « lien puissant entre les hommes, énergique instrument de solidarité et de discipline », mais ayant ses préjugés et pouvant troubler la justice — l'esprit de parti, et cependant il ne faut pas médire des convictions qui groupent les hommes : un citoyen doit être d'un parti — le patriotisme, « une des plus hautes vertus qui honorent l'humanité », parce qu'elle vit de dévouement et de sacrifices à l'intérêt général au profit d'une idée, qui peut, elle aussi, devenir une passion jalouse et étroite, si elle se transforme en haine et si elle tient, comme dans l'antiquité, tout étranger pour un ennemi; à ceux qui s'aviseraient de confondre l'impartialité avec l'indifférence et l'insouciance, origine de tout scepticisme, il faudrait faire lire ce discours où respirent l'ardeur du vrai et la passion de la mesure.

M. Renouard avait de très fortes convictions politiques : libéral sous tous les

régimes, il était de ces intelligences supé-
rieures et de ces esprits de raison qui s'atta-
chent moins aux étiquettes du pouvoir exé-
cutif qu'aux garanties constitutionnelles. Dès
le premier jour, il avait, ainsi que M. Thiers,
adhéré à la République. Il pensait, comme
son ami le duc Victor de Broglie, qu'il
importe peu que l'équilibre des pouvoirs soit
adapté à une monarchie ou à une république,
pourvu qu'une nation ne s'abandonne jamais et qu'elle ne se livre à aucune dictature, qu'elle vienne d'un homme ou d'une
assemblée.

Le 24 novembre 1876, le Sénat, constitué
depuis peu, avait à user du droit d'élire un
sénateur inamovible. Le groupe constitu-
tionnel présenta M. Renouard; les gauches
votèrent pour lui. L'ancien pair de France
rentrait au Luxembourg, vingt-huit ans
après en avoir été chassé; il venait reprendre
sa place auprès de M. Dufaure, prêt à
soutenir les mêmes causes, à se dire avec lui
victorieux ou vaincu.

Il ne se mêla pas aux discussions, mais il était assidu aux séances; il était demeuré jeune de cœur, et nulle cause ne le trouvait indifférent. Il désapprouva le 16 mai, et comme il y voyait une coalition qui menait à un coup d'État, il n'hésita pas à donner sa démission de procureur général.

Il n'entendait pas reculer devant les responsabilités, et quand la légalité parut menacée, il accepta la présidence d'un comité de jurisconsultes, fier de consacrer ses derniers efforts à dire où était le droit.

Il avait conservé toute sa vie le goût d'enseigner. Sa parole prenait naturellement et sans pédanterie l'allure d'une leçon. Il aimait réunir autour de lui les hommes et leur donner des conseils. Bien avant d'entrer à l'Académie, où ses confrères étaient heureux de l'entendre, il animait de ses observations les débats de la Société d'économie politique; il avait toujours eu le goût de faire ressortir les points de contact et l'accord entre la science de l'utile et la

science du juste. Plus tard, quand des jeunes
gens fondèrent la Société de législation com-
parée, il fut un des premiers à approuver
leur initiative; il se joignit à eux et fut élu,
après M. Laboulaye, président de cette
grande société. Il aimait la jeunesse; il
n'avait aucune des aigreurs et des tristesses
qui la repoussent. Il se plaisait à lui parler
du passé, non pour récriminer contre le
présent, mais pour exciter son courage,
s'appliquant à lui montrer les obstacles que
sa génération avait surmontés. Il avait cette
force intérieure qui donne à l'âme une puissance rare et qui se nomme la sérénité. Sa
passion était toujours raisonnable; ses élans
eux-mêmes étaient mesurés. Sévère contre
les actes, il était d'une extrême indulgence
pour les personnes : il s'appliquait à étudier
le cœur humain, pour découvrir les qualités
plus ou moins cachées; il croyait que le
vulgaire se plaisait à multiplier le nombre
des fourbes et des pervers; il estimait
que les critiques si faciles qui chez les

médiocres tiennent lieu d'esprit, étaient, pour une société petite ou grande, pour une compagnie comme pour une nation, une perte de force. Il aimait les discussions sur les idées, détestait les querelles et les disputes : sa bienveillance venait de son cœur.

Il fallait le voir au milieu des siens : son fils et sa fille avaient tenu beaucoup de place dans sa vie; il s'était occupé avec soin de leur éducation. Grand-père, il retrouva les mêmes joies; il s'entretenait avec ses petits-fils, s'intéressant à leurs études, faisant réciter les leçons, leur expliquant les vers de Virgile et sachant y mêler des conseils que leur affection devait à jamais retenir. Il portait avec lui le charme de son cœur et le mouvement de son esprit. Dans le salon de sa belle-sœur, Mme Cheuvreux, où il avait rencontré tant d'hommes rares, Ampère, Frédéric Bastiat, l'abbé Perreyve, on le voyait apportant la même grâce d'accueil, le même sourire de bonté et laissant à tous la même impression de sincérité et de sympathie; il

venait souvent à Stors, dans cette demeure
où il trouvait tant d'amis assemblés et, à
côté d'eux, le pavillon où il aimait à ren-
contrer en M. Léon Say, un des esprits qu'il
estimait le plus.

Ceux qui ont eu le bonheur de le connaître
dans les dernières années de sa vie ne per-
dront pas sa mémoire. Le souvenir d'un tel
vieillard ne s'efface pas. Sa pensée demeurait ferme; sa foi était simple; il avait vécu
en spiritualiste, agi en chrétien. La mort ne
l'effrayait pas. Il n'avait rien écrit, il n'avait
rien pensé qu'il eût à regretter ou à cacher.
Dès sa jeunesse, il avait aimé la liberté et
pratiqué la justice. Il avait uni dans son
cœur et dans son culte ces deux nobles
causes. C'étaient ses clientes. Il leur demeura fidèle. Avocat, il les défendit à la
barre; publiciste, il leur voua ses premiers
essais; jurisconsulte, il leur consacra des
livres; conseiller d'État, il se mit à leur
service; député, pair de France, il prit la
parole en leur nom; magistrat, son unique

pensée fut de demeurer nu vrai serviteur du droit. Il croyait sa vie terminée et sa tâche accomplie, quand ceux qui avaient assumé la mission de relever la France lui demandèrent de l'aider. Noble destinée de cette forte génération qui devait servir à deux reprises son pays, essayant dans sa jeunesse de fonder un gouvernement libre et ayant, dans sa vieillesse, le douloureux honneur de restaurer les forces nationales !

La voix de M. Renouard s'éleva, au milieu des ruines, pour rendre le courage aux désespérés, pour montrer aux hésitants un but, pour marquer les étapes de notre histoire dans le passé et indiquer la route de l'avenir. S'il est vrai qu'une intelligence supérieure doive à ceux qui l'ont admirée une sorte de témoignage qui soit le testament de sa pensée, nul n'a plus complètement acquitté sa dette : sa vie est un exemple pour tous les âges ; à la jeunesse, il enseigne ce qu'elle peut entreprendre ; à l'âge mûr, ce qu'il peut réaliser ; aux magistrats, l'oubli d'eux-mêmes dans le service de la justice; aux jurisconsultes, le travail infatigable; aux philosophes, la fidélité aux principes de la morale dans la plus parfaite unité d'une longue existence; à tous les rangs et à tous les âges, l'activité dans le devoir sans jamais se décourager, justifiant la devise inscrite sur une des œuvres de sa jeunesse et qui devait résumer sa vie : *Nil desperandum.*

CHARLES RENOUARD

SA VIE

1794.	22 octobre,	sa naissance.
1812.		entre à l'école normale.
1814.	27 juillet,	docteur ès lettres.
1816.	31 août,	licencié en droit.
—	21 novembre,	avocat à la Cour d'appel de Paris.
1830.	20 août,	conseiller d'État.
—	9 novembre,	secrétaire général du ministère de la Justice.
1831.	Juillet,	élu député d'Abbeville, réélu aux élections suivantes (non réélu en 1842).
1837.		Conseiller à la Cour de cassation.
1846.	21 juillet,	pair de France.
1851.	2-3 décembre,	procureur général près la Haute-Cour.
1861.	20 avril,	membre de l'Académie des Sciences morales et politiques.

1869. —	conseiller honoraire à la Cour de cassation.
1871. Mai,	procureur général à la Cour de cassation.
1876. 24 novembre,	sénateur inamovible.
1878. 18 août,	sa mort.

SES ŒUVRES

1. **De identitate personali**; thèse latine, in-4°
20 p., juillet 1814.

2. **Sur le style des prophètes hébreux**; thèse
française, in-4°, 32 p., juillet 1814.

3. **Projets de quelques améliorations dans l'éducation publique**; chez Aug. Renouard, in-8°,
28 p., 1815.

4. **Eléments de morale**; chez Aug. Renouard,
in-12 de 214 p., 1818. — 2° édition de 220 p.,
1824.

5. **Considération des lacunes de l'enseignement
secondaire en France**; chez Aug. Renouard,
in-8° de 124 p., 1824.

6. **Mélanges de morale, d'économie et de politique**, extraits des ouvrages de Benjamin
Franklin, précédés d'une notice sur sa vie;
2 vol. in-18, 1824. — 2° édition, chez J. Renouard, 2 vol. in-18, 1826. — 3° édition,
1 vol. in-12, 1853.

7. **Traité des brevets d'invention**; chez A.-A.
Renouard, 1 vol. in-8°, 1825. — 2° édition.
— 3° édition, chez Guillaumin; 2 vol. in-8°,
1865.

8. **Examen du projet de loi contre la presse**;
   chez A.-A. Renouard, in-8º de 75 p., 1827.

9. **Consultation sur la pétition des imprimeurs
   et libraires à propos du projet de loi sur
   la presse**; chez Paul Renouard, in-8º de
   40 p., 1827.

10. **Manuel de l'électeur juré**; publié par la
    Société *Aide-toi, le ciel t'aidera*, février 1827.

11. **L'éducation doit-elle être libre?** (Mémoire
    qui a obtenu la première mention honorable
    de l'Académie Française); publié par la *Revue
    Encyclopédique*, août 1828.

12. **Traité des droits d'auteurs dans la littéra-
    ture, les sciences et les beaux-arts**; chez
    Renouard, 2 vol. in-8º, 1838.

13. **Traité des faillites et des banqueroutes**; chez
    Guillaume, 2 vol. in-8°, 1842. — Edit. belge,
    à Bruxelles, 1851. — 2º édition. — 3º édition,
    Paris, 1857.

14. **Dictionnaire d'économie politique.** Articles :
    Faillites, Législation, Marques de fabrique
    et de commerce, Parasites, Sociétés commer-
    ciales, 1853.

15. **Du droit industriel dans ses rapports avec
    les principes du droit civil**; chez Guillau-
    min, 1 vol. in-8º, 1860.

16. **Discours prononcés à la Cour de cassation.**
    1871, 1ᵉʳ juillet : Discours d'installation.

17. 1871, 4 novembre : Le droit prime la force.

18. 1873, 4 novembre : Personnalité et sociabilité.

19. 1874, 3 novembre : De l'impartialité.

20. 1875, 3 novembre : Considérations sur l'histoire
de la Cour de cassation.

21. 1876, 3 novembre : Des progrès du droit.

TRAVAUX LÉGISLATIFS

RAPPORTS A LA CHAMBRE DES DÉPUTÉS.

1832.	Sur les modifications au Code pénal.
1833, 4 mars.	Sur l'Instruction primaire.
1834.	Sur les effets de la séparation de corps.
1835, 26 janvier.	Sur les faillites et les banque-routes.
1837, 29 mars.	Sur les justices de paix.
1840.	Sur l'expropriation en matière d'utilité publique.
1841, 6 mars.	Sur le travail des enfants dans les manufactures.
— 25 mai.	*Idem.*
— 14 décembre.	*Idem.*

TRAVAUX ACADÉMIQUES

1. **De la statistique de la justice civile.** Ce mémoire, lu à l'Académie, a été résumé par M. Mignet dans une histoire de l'Académie. *Mémoires de l'Académie des sciences morales et politiques*, t. I, p. CLXXVIII.

2. **Contrat de prestation du travail.** Mémoire lu les 10 et 31 décembre 1853, *Compte rendu*, t. XXVII, p. 161 et 365.

3. **Le droit maritime international.** Rapport au nom de la section de législation, lu le 14 décembre 1861, *Compte rendu*, t. LIX, p. 131. *Mémoires de l'Académie*, t. II, p. 577.

4. **Considérations sur l'influence du taux des salaires.** Mémoire lu en 1862, *Compte rendu*, t. LXI, p. 153.

5. **Législation des brevets d'invention.** Discussion ouverte en 1863, *Compte rendu*, t. LXIII, p. 264.

6. **De la nature et de l'influence des peines.** Rapport au nom de la section de législation, lu le 2 mai 1863. *Mémoires de l'Académie*, t. XII, p. 399.

7. **Valeurs divisées en actions transmissibles.** Rapport au nom de la section de législation, lu le 9 juillet 1864, *Compte rendu*, t. LXIX, p. 377.

8. **Chômage des dimanches et jours fériés.**

Mémoire lu en 1865, *Compte rendu*, t. LXXIV,
p. 5.

9. **Revision du Code Napoléon.** Observátions présentées en 1866, *Compte rendu*, t. LXXV, p. 448.

10. **Valeurs divisées en actions transmissibles.** Second rapport au nom de la section de législation, lu le 5 mai 1866, *Compte rendu*, t. LXXVI, p. 415, *Mémoire de l'Académie*, t. XIII, p. 865.

11. **Allocution en devenant président de l'Académie**, le 4 janvier 1868, *Compte rendu*, t. LXXXIII, p. 488.

12. **Allocution en quittant le fauteuil de la Présidence**, le 2 janvier 1869, *Compte rendu*, t. LXXXVIII, p. 468.

13. **Discours prononcé à la séance publique annuelle**, le 16 janvier 1869, *Compte rendu*, t. LXXXVII, p. 411.

14. **Le mariage considéré au point de vue moral et religieux, légal et social.** Rapport au nom de la section de législation, lu dans la séance du 28 mai 1870. *Mémoires de l'Académie*, t. XIII, p. 269, *Compte rendu*, t. XCIII, p. 251.

15. **Organisation judiciaire et administrative française et belge.** Rapport fait au nom de la section de législation, le 18 juillet 1874, *Mémoires de l'Académie*, t. XIV, p. 357, *Compte rendu*, t. CII, p. 397.

COLLABORATION

Moniteur universel, depuis août 1816.
Mercure de France, depuis janvier 1815.
Journal d'Education, depuis novembre 1816.
Journal de Commerce, depuis décembre 1816.
Thémis, depuis 1818.
Revue Encyclopédique, depuis 1828.
Le Globe, depuis 1825 jusqu'en 1830.
Annales de Jurisprudence, depuis 1829.
Revue de Législation et de Jurisprudence, depuis 1835.
Revue historique de droit français, 1861.

Coulommiers. — Imp. Paul BRODARD. — 1258-1901.

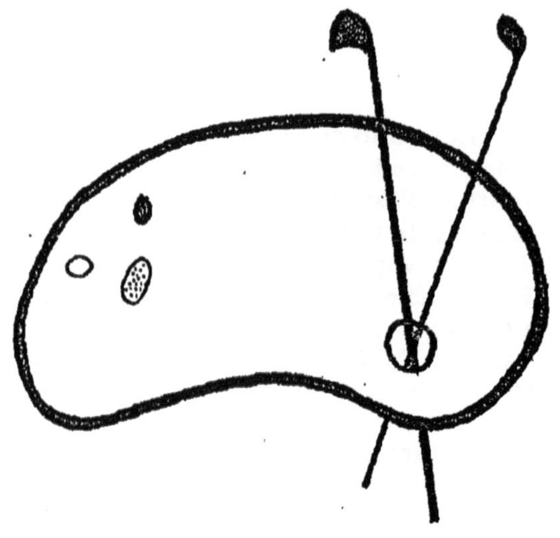

ORIGINAL EN COULEUR
Nᵒ Z 43-120-8